Alexander Ziska

Verbraucherschutz bei Onlinespielen

GRIN Verlag

Bibliografische Information der Deutschen Nationalbibliothek:

Die Deutsche Bibliothek verzeichnet diese Publikation in der Deutschen National-
bibliografie; detaillierte bibliografische Daten sind im Internet über http://dnb.d-
nb.de/ abrufbar.

Impressum:

Copyright © 2012 GRIN Verlag GmbH
Druck und Bindung: Books on Demand GmbH, Norderstedt Germany
ISBN: 978-3-656-50175-6

Dieses Buch bei GRIN:

http://www.grin.com/de/e-book/233052/verbraucherschutz-bei-onlinespielen

GRIN - Your knowledge has value

Der GRIN Verlag publiziert seit 1998 wissenschaftliche Arbeiten von Studenten, Hochschullehrern und anderen Akademikern als eBook und gedrucktes Buch. Die Verlagswebsite www.grin.com ist die ideale Plattform zur Veröffentlichung von Hausarbeiten, Abschlussarbeiten, wissenschaftlichen Aufsätzen, Dissertationen und Fachbüchern.

Besuchen Sie uns im Internet:

http://www.grin.com/

http://www.facebook.com/grincom

http://www.twitter.com/grin_com

Fachhochschule Düsseldorf

Fachbereich Wirtschaft

Hausarbeit im Rahmen der Lehrveranstaltung:

BKM 4 – „Anwendungsfelder im E-Business"

Sommersemester 2012

Verbraucherschutz bei

Onlinespielen

Alexander ZISKA

Abgabe: 03.08.2012

Inhaltsverzeichnis

1 - Einleitung

Seit Computer- und Videospiele Anfang der 1970er Jahre der breiten Öffentlichkeit zugänglich gemacht wurden, ist ihre Popularität ungebrochen. Bereits seit frühen Konsolengenerationen in den 1980er Jahren bis zur 32-Bit Ära Mitte der 1990er Jahren wurde in den USA und Japan mit Nischenprodukten experimentiert, um auch räumlich getrennte Spieler gegeneinander spielen lassen zu können. Produkte wie der Atari 2600 GameLine, Intellivision PlayCable, Nintendo Satellaview oder Sega NetLink sind in Deutschland hingegen nur wenigen vertraute Begriffe, stellen jedoch die technische Basis für die Vorgänger heutiger Onlinespiele dar. Ähnliche Entwicklungen waren auch bei den Computerspielen zu beobachten. Mit dem Beginn der privaten Nutzung des Internets zur Mitte der 1990er Jahre, nahm insbesondere auf dem PC die Zahl von Spielen mit Online Features stetig zu. Mit dem Start von Sega's Dreamcast Konsole, die als erste mit einem serienmäßigen, integrierten Modem vertrieben wurde, erreichte Online Gaming Ende 2000 bzw. Anfang 2001 auch die Leute, die nicht am PC online spielten. Die Entwicklung in den letzten 11 Jahren verlief dahingehend, dass moderne Spielkonsolen sind an das Internet angebunden, Handheld Konsolen per WLAN ebenso und Computer sowieso und Onlinespiele sind mittlerweile allgegenwärtig anzutreffen.

Gegenstand dieser Hausarbeit ist es, einen Überblick über den gegenwertigen Stand des Verbraucherschutzes in Online Games zu vermitteln.

Ausgangspunkt unserer Recherche ist die Website des Verbraucherzentralen Bundesverband zum Thema. [1] Die dortige Betrachtung aufgrund der Definition von Onlinespielen reicht uns jedoch nicht aus, da Onlinespiele in diesem Kontext lediglich als reine Browserspiele definiert sind: "Oft kostenlos sind sie eine beliebte Alternative zu Computerspielen aus dem Kaufhaus.". [2] Aus diesem Grund klären wir zunächst unsere eigene Definition von Onlinespielen im Kontext dieser Hausarbeit. Zugleich klassifizieren wir Onlinespiele nach ihrer Art und stellen ihre Verteilung auf den verschiedenen Plattformen dar. Außerdem klären wir diverse Fachbegriffe und Abkürzungen, die wir im Rahmen dieser Hausarbeit

---

[1] VZBV - Surfer haben Rechte: Onlinespiele 04.01.2012 http://www.surfer-haben-rechte.de/cps/rde/xchg/digitalrechte/hs.xsl/onlinespiele.htm - Abgerufen am 02.06.2012
[2] ebenda.

verwenden.Im Anschluss betrachten wir im Detail die von uns als relevante Verbraucherschutzthemen erachteten Punkte Datenschutz, Kostenfallen, versteckte Werbung, Alterskennzeichnungen sowie Online Zwang. Zum Abschluss ziehen wir ein kurzes Resümee in Form einer Zusammenfassung.

2 - Begriffliche Klärung

2.1 - Onlinespiele / Online-Games

Es gibt verschiedene Ansätze, den Begriff "Onlinespiele" oder "Online-Games" zu definieren. Wirtz versteht den Begriff plattformbezogen und definiert Online-Games als bloße Spiele im Internet - beispielsweise als Flash Apps auf Webseiten.[3] Die Schwierigkeit einer Definition besteht darin, den mannigfaltig ausgeprägten Eigenheiten von Games Rechnung zu tragen. So kann der Begriff "online" auch plattformunabhängig genutzt werden um die Eigenschaft eines aktiv, von mehreren, räumlich getrennten Spielern, gemeinsam gespieltes Spiel zu beschreiben. Darüber hinaus kann damit aber auch bloß eine Online-Funktion gemeint sein, wie z.B. die Möglichkeit seine Hiscores auf Bestenlisten (sog. "Leaderboards") im Internet zu veröffentlichen oder sich aus dem World Wide Web Spiele-Erweiterungen als DLC (Downloadable Content) herunter zu laden.

Offensichtlich bietet sich also, je nach Betrachtungsweise, eine kontextbasierte Definition an. Betrachtet man beispielsweise, dem Verbraucherschutz untergeordnet, die datenschutzrechtlichen Aspekte von Online-Games, so fällt der Teil der Spiele Weg, bei denen keine oder nur eine unkritische Erhebung von Daten erfolgt. Diese Spiele können jedoch bei der Betrachtung von Aspekten parasitärer Geschäftsmodelle wie z.B. Kostenfallen bei Online-Games relevant sein.

Ein hilfreicher Ansatz ist der an Christoph Klimmt angelehnte Ansatz von Sven Jöckel, Online-Spiele als jene digitalen Spiele zu definieren, die alleine oder gemeinsam mit anderen gegen ein oder mehrere Gegner (Mensch oder Maschine) über eine Datennetzverbindung gespielt werden. Als Online-Spiele gelten somit keine Spiele, die zwar Mehrspielerfunktionalität bieten, dafür aber keine Netzverbindung (Internet / LAN) benötigen.[4] Unsere eigene Ergänzung zu dieser Definition ist, dass wir im Rahmen dieser Hausarbeit auch Spiele als Onlinespiele ansehen, die lediglich über Online-Funktionen (Kauf und Nutzung von Zusatzinhalten aus dem Internet; Unterstützung von Leaderboards; etc.) verfügen, für die eine Internetverbindung benötigt wird. Dabei ist unerheblich, ob das Spiel

---

[3] VGL: WIRTZ, Bernd: Medien- und Internetmanagement, 7.Aufl., Wiesbaden 2011, S.599
[4] VGL: JÖCKEL, Sven: Online Spiele: Eine konzeptuelle Abgrenzung verschiedener Spielformen. Menschen Märkte Medien Management - Berichte aus Forschung und Lehre 02/2007, TU Ilmenau, Ilmenau 2007, S.6

im Einzelhandel erworben oder herunter geladen wird und ob man es anschließend mit oder ohne dauerhafter Online-Verbindung spielt.

2.2 - Arten von Onlinespielen

Sämtliche Begriffe sind bisher noch nicht einheitlich definiert. Um die Art (dabei ist nicht das Genre gemeint) eines Online-Games klassifizieren zu können, haben wir uns für folgende Begriffe entschieden, welche durch die Fachpresse und auch durch themenbezogene Blogs geprägt wurden:

Core Games (mit Online Funktionen/ Spielelementen):
Der Begriff Core Games wird in erster Linie von Branchenvertretern verwendet und beschreibt das Kernangebot der Games-Branche, also Video- und Computerspiele im klassischen Sinne. Diese werden in der Regel im Handel oder, seit einigen Jahren, auch als Downloadprodukte erworben. Für diese Hausarbeit sind dabei jedoch nur die Core Games relevant, die über Online Funktionen verfügen bzw. die online gespielt werden.[5]

Casual Games:
Unter diesen Begriff fallen Spiele, die für eine kurze Partie zwischendurch gedacht sind. In der Regel handelt es sich hierbei um Spiele für nur einen Spieler, die entweder digital als Downloadtitel z.B. als App vertrieben werden oder auf Webseiten direkt im Browser gespielt werden können (sog. Browserspiele). Analog der Core Games sind auch bei den Casual Games für diese Hausarbeit nur die Spiele relevant, die über Online Funktionen verfügen.[6]

Free-to-Play Games:
Hierunter fallen einerseits Spiele mit einem eigenständigen Client der heruntergeladen und installiert werden muss. Andererseits sind auch einige der sogenannten Browserspiele, die ohne Installation direkt im Webbrowser gespielt werden, als Free-to-Play Spiele anzusehen. Die Differenzierung gegenüber den Casual Games besteht darin, dass Free-to-Play Games eine Registrierung und Anmeldung voraussetzen. Der Client bzw. das Browserspiel selbst ist dabei kostenlos verfügbar. Charakteristisch ist, dass diese Spiele kompetitiv mit bzw.

---

[5] VGL: Ingame.de: Special - Was ist ein Core Game? 11.11.2010
http://www.ingame.de/artikel/specials/special-was-ist-ein-core-game/ Abgerufen am 02.06.2012
[6] VGL: Wikipedia (EN): Casual Game 30.07.2012 http://en.wikipedia.org/wiki/Casual_game/
Abgerufen am 31.07.2012

gegen andere Spieler gespielt werden, die zur gleichen Zeit online sind und das man sich durch kostenpflichtige Extras einen Vorteil gegenüber seinen Mitspielern verschaffen kann. [7]

Social Games:

Diese Art von Online-Spielen sind den Casual und Free-to-Play Games ähnlich, unterscheiden sich jedoch im Detail beim Spielablauf, Finanzierungsmodel und der Interaktion mit anderen Spielern. Social Games sind in Social Media Angebote wie Facebook integriert und greifen dabei auf die eigenen Kontakte zurück. Ziel von Social Games ist es, Nutzer aufgrund von Netzwerkeffekten zu generieren - so das Spieler A seine Kontakte Spieler B und C zum spielen einlädt, welche dann ebenfalls Kontakte zum mitspielen bewegen. Hierdurch entsteht eine Rivalität der Kontakte untereinander, durch welche Spieler A dazu ermutigt wird, ähnlich den Free-to-Play Games, sich durch kostenpflichtige Verbesserungen einen Vorteil gegenüber seinen Kontakten zu verschaffen. Ähnlich einem Teil der Casual und Free-to-Play Games, handelt es sich bei Social Games um reine Browserspiele, die nur auf der jeweiligen Social Media Seite eingebettet sind. Anders als Free-to-Play Games, wird bei Social Games in der Regel zugweise gespielt. Hierdurch kann auch gegeneinander gespielt werden, ohne das mehrere Spieler gleichzeitig online sein müssen. Dies erhöht zudem die Frequenz, mit der die Social Media Seite angesteuert wird. [8]

2.3 - Plattformen für Online-Games

Nachdem wir die verschiedenen Arten von Online-Games bestimmt haben, betrachten wir nun die verschiedenen Plattformen, für welche Online-Games angeboten werden. Dies dient der Verdeutlichung, welche Arten von Onlinespielen je nach Plattform wie stark vertreten ist:

Computer (z.B. PC, Mac):

Core Games; Casual; Free-to-Play; Social Games

---

[7] VGL: DONNEL, Peter: Free-to-play PC Game Guide 26.06.2012
http://www.eteknix.com/articles/guides/free-to-play-pc-gaming-guide/ Abgerufen am 31.07.2012
[8] VGL: Wikipedia (EN): Social network game 18.07.2012
http://en.wikipedia.org/wiki/Social_network_game/ Abgerufen am 31.07.2012

Videospielkonsolen [stationär; mit Internetanbindung] (z.B. Xbox360, Playstation 3, Wii):

Core Games; Casual Games; in wenigen Fällen Free-to-Play

Handheldkonsolen [mit Internetanbindung] (z.B. Playstation Vita, Nintendo 3DS):

Core; Casual

Mobiltelefone und Tablets (Android-, iOS-, WindowsPhone-Geräte):

Casual; Social; vereinzelt Free-to-Play und Core Games

2.4 - Content Delivery System / Content Delivery Software / Content Delivery Client

Content Delivery ist seit ein paar Jahren ein vieldiskutiertes Thema und sollte beim Verbraucherschutz bei online Spielen nicht ausgeblendet werden. Hierbei handelt es sich um ein Serverbasiertes Websystem, welches in erster Linie Spielesoftware und herunterladbare Zusatzinhalte (DLC) gegen Bezahlung zur Verfügung stellt. Teilweise werden auch weitere Medien wie Musik oder Filme zum Download oder zur zeitlich begrenzten Nutzung hierüber vertrieben, sowie das Spielen auf eigenen Servern ermöglicht (Xbox Live Gold). Nutzer müssen sich hierzu online registrieren. Während die Content Delivery Software bereits in das Betriebssystem von Konsolen integriert ist (PSN, Xbox Live, Wii Ware), müssen sich Computerspieler einen entsprechenden Client herunter laden und installieren (z.B. Steam oder Origin). Auch auf Smartphones sind z.B. in Form des "iOS AppShop" oder des "Android Market" Content Delivery Systeme zu finden. Neben dem Vertrieb wird Content Delivery Software auch als Kopierschutz verwendet. Das Nutzungsrecht für das Spiel wird fest mit dem Account des Spielers verknüpft, was eine illegale Weitergabe aber auch den eigentlich legalen Weiterverkauf unterbindet. Möchte man das Spiel spielen, prüft die Software, ob der Nutzer die notwendigen Rechte für das installierte Spiel besitzt und startet dieses im Anschluss oder verwehrt die Ausführung.

2.5 - Mikrotransaktionen / DLC / Booster:

Mikrotransaktionen beschreiben Transaktionen die sich im Bereich weniger Euro oder Cents bewegen. Die Zahl von Mikrotransaktionen nimmt seit einigen Jahren stetig zu und spielt insbesondere im Bereich von Onlinespielen eine Rolle. Mittels Mikrotransaktionen werden in erster Linie DLC und Booster vertrieben. DLC steht für Downloadable Content und beschreibt Zusatzinhalte zu Spielen. Hierbei gibt es viele Möglichkeiten, was der DLC bewirken kann. Es kann sich um einen einzigen, neuen Level handeln, neue Outfits für die Spielfigur, eine neue Waffe oder auch neue Songs. Auch eine Kombination mehrerer Dinge ist möglich. DLC wird hierbei für die dauerhafte Nutzung erworben. [9] Booster hingegen sind in ihrer Anwendung oder zeitlich begrenzt. Es handelt sich dabei um In-Game Gegenstände die die Spielfigur aufwerten (daher abgeleitet vom Englischen "to boost"), etwa durch die Erhöhung von Erfahrungspunkten, Kraft, Ausdauer oder Stärke. [10]

Die Wirtschaftlichkeit aus Mikrotransaktionen ergibt sich vermutlich, da naheliegend, einerseits aus den sehr geringen Selbstkosten und andererseits aus der schieren Masse, in der DLC und Booster verkauft werden.

---

[9] VGL: STIEDL, Robert ohne Datum http://www.dlc.de/ Abgerufen am 15.07.2012
[10] VGL: RAAB, Volker: Electronic Arts: "Free2Play und Mikrotransaktionen sind die Zukunft" - bald alle Spiele kostenlos mit Item-Shops? 21.06.2012 http://www.pcgames.de/Electronic-Arts-Firma-15412/News/Electronic-Arts-Free2Play-und-Mikrotransaktionen-sind-die-Zukunft-bald-alle-Spiele-kostenlos-mit-Item-Shops-907142/ Abgerufen am 15.07.2012

3 - Kritische Themen des Verbraucherschutzes:

3.1 - Datenschutz

3.1.1 - Hintergrund und Kontext

Je nach Art von Online-Game werden unterschiedliche Daten erhoben und verarbeitet. Dies kann verschiedene Gründe haben. Etwa , damit das Spiel überhaupt funktioniert und gespielt werden kann; als Form einer Kopierschutzmaßnahme; im Rahmen administrativer Prozesse oder aber auch da die Datenverarbeitung Teil eines Geschäftsmodells ist, wie z.B. das Bereitstellen von zielgerichteter Werbung.

Die Core Games verarbeiten diesbezüglich in erster Linie Anmeldedaten wie Namen und Emailadresse oder lediglich eine anonyme Nutzer-ID. Dies dient in der Regel der reinen Nutzung des Spiels. Um Online-Funktionen nutzen zu können oder online spielen zu können, wird bei heutigen Konsolen ein Nutzerkonto vorausgesetzt - beispielsweise der PSN (Playstation Network) Account bei der Playstation 3 oder das Xbox Live Konto bei der Xbox360.

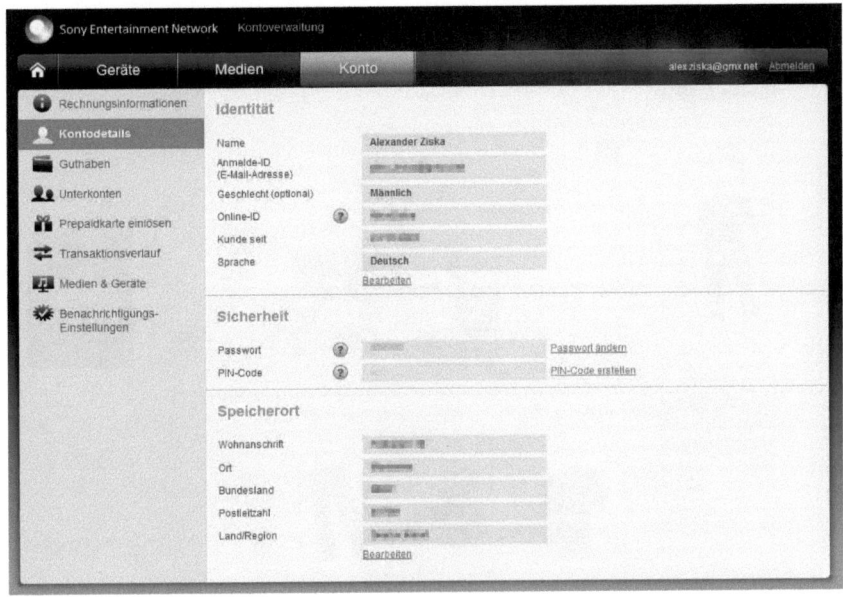

Abbildung 1: Typische, in einem Spieler-Profil erhobene Daten
(Sony Entertainment Network, dem Playstation Network übergeordnet, 2012)

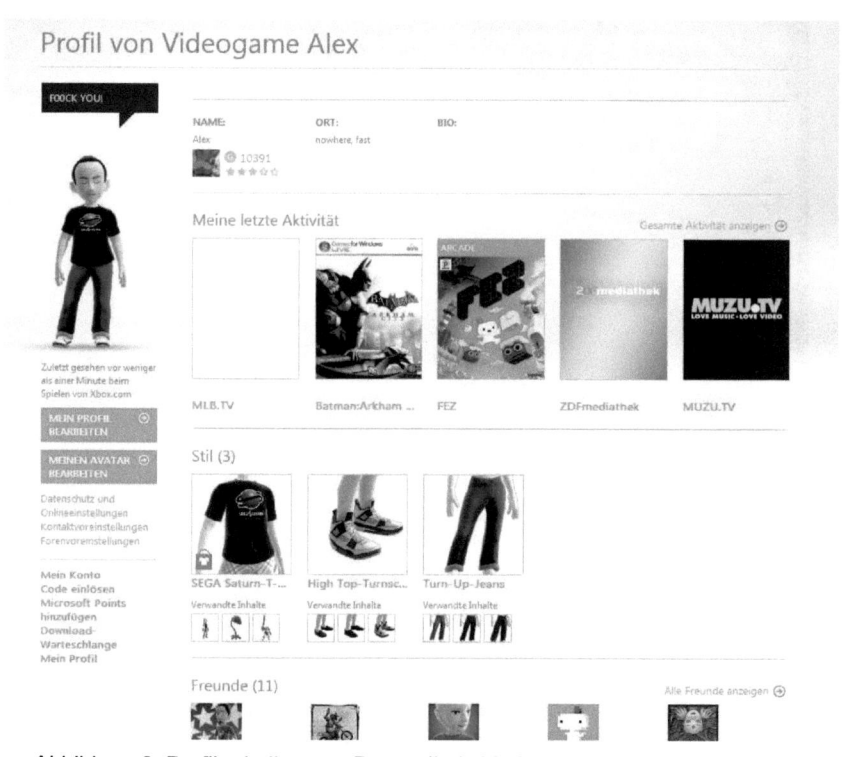

Abbildung 2: Profil mit diversen Daten die in Verbindung damit gespeichert sind

(Xbox Live Profil, 2012)

Ähnliches gilt auch für Core Games am Computer die über Content Delivery Clients wie z.B. Steam oder Origin gekauft und herunter geladen wurden oder bei denen diese Clients als Kopierschutz eingesetzt werden. Die Datenerhebung dient dabei in erster Linie dazu, den Spieler zuzuordnen zu können. Einerseits, wird dies wie bereits erwähnt, als Form des Kopierschutzes genutzt. Andererseits auch, um gegen den Spieler notfalls Sanktionen zu verhängen, sollte er sich nicht an Nutzungsbedingungen halten - sich beispielsweise anderen Spielern gegenüber unangebracht benehmen. Mitunter werden jedoch auch Finanzdaten wie Kreditkarteninformationen verarbeitet, wie z.B. im Rahmen des Xbox Live Kontos. Diese dienen dazu, reales Geld zunächst in sogenannte "Microsoft Points" zu tauschen, mit denen dann beispielsweise Download-Spiele oder zusätzlicher Content (DLC) mittels Mikrotransaktionen erworben werden.

Für die Nutzung von Free-to-Play Games wird in aller Regel ähnlich den Core Games auf Computer und Konsole ein Nutzerkonto vorausgesetzt. Dieses kann je nach Spiel erforderlich sein oder nur je nach Anbieter. Analog zu den Core Games dient dieses Konto auch hier der Identifikation und Zuordnung des Nutzers. Da die überwiegende Anzahl an Free-to-Play Games Multiplayerspiele sind, bei denen eine Interaktion der Spieler untereinander unverzichtbar ist, nimmt die Kontrolle der Einhaltung von Verhaltenskodexen hierbei einen deutlich höheren Stellenwert ein. Auch werden häufig Finanzdaten verarbeitet, da Free-to-Play Games sich zu einem hohen Teil durch Mikrotransaktionen finanzieren.

Bei Casual Games werden vergleichsweise wenig Daten verarbeitet. In denjenigen Casual Games welche gleichzeitig auch Onlinespiele im Sinne dieser Hausarbeit sind, sind in erster Linie nur rudimentäre Online Funktionen zu finden - beispielsweise die Möglichkeit, seinen Highscore unter Angabe eines Namens auf einer Highscore Liste im Internet zu veröffentlichen.

Im Gegensatz zu den Casual Games, erheben und verarbeiten Social Games eine große Anzahl von Daten. In der Regel greifen diese Spiele auf alle Daten zurück, welche zur Verfügung stehen. Da die Social Games als Apps in Social Media Seiten wie beispielsweise Facebook eingebettet sind [11]. Sie können theoretisch sogar ungefragt auf Daten zugreifen, deren Erhebung zum Spielen nicht benötigt werden (einschließlich z.B. Bilder, Posts, Freunde, etc.). Daten werden darüber hinaus oftmals direkt von zwei Seiten verarbeitet - den Social Media Betreibern einerseits und den Anbietern der Spiele Apps andererseits. Von den Social Media Betreibern werden die Daten genutzt um zielgerichtete Werbung zu schalten, während die Anbieter die Daten mitunter an Datenhändler wie Online-Vermarkter und Internet-Tracking Firmen weiterverkaufen. [12] Vergleichbar zu Free-to-Play Games wird außerdem in der großen Mehrheit der Spiele auch Geld durch Mikrotransaktionen erwirtschaftet. In diesem Zusammenhang werden je nachdem, welche Bezahlmetoden angeboten werden, Finanzdaten vom Social Media

---

[11] VGL: Zynga: Privacy Policy / Information we collect 16.07.2012
http://company.zynga.com/about/privacy-center/privacy-policy#information-collect/ Abgerufen am 20.07.2012
[12] VGL: Süddeutsche: App-Lücke enttarnt Farmville-Nutzer 18.10.2010
http://www.sueddeutsche.de/digital/facebook-datenschutzprobleme-app-luecke-enttarnt-farmville-nutzer-1.1013148/ Abgerufen am 20.07.2012

Betreiber (z.B. bei Bezahlung mittels Facebook Credits) und / oder dem Anbieter (z.B. bei Bezahlung mittels Kreditkarte) verarbeitet.

3.1.2 - Besprechung

Aufgrund des öffentlichen Interesses, gewinnt das Thema Datenschutz zunehmend an Relevanz. Auch der Datenschutz im Bereich der Online-Games ist hiervon betroffen.

Bei der Datenverarbeitung muss man zwischen dem Zweck unterscheiden. Daten werden zum einen für die Administration verarbeitet und ansonsten, sofern zutreffend, auch zur Verarbeitung von Zahlungen oder sogar zwecks Weiterverkauf der Daten verarbeitet.

Wie man jedoch sieht, werden überwiegend Daten erhoben und verarbeitet, die der Nutzung und Administration der Online-Games dient. Problematisch ist dabei, dass die Betreiber überwiegend nicht in Deutschland sitzen und Daten somit oft auf Servern außerhalb Deutschlands gelagert werden, was so nicht zulässig ist.

Außerdem muss man für sich selbst überlegen, was man anderen Nutzern bzw. Spielern mit den für andere sichtbaren Daten in Profilen mitteilen möchte - die Angabe von Daten ist bei Profilen und Konten bei Core Games beispielsweise überwiegend freiwillig und auch Phantasienamen und Daten haben keine rechtlichen Konsequenzen.

Nach den Erkenntnissen der Studie "DOS - Datenschutz in Online-Spielen" des Unabhängigen Landeszentrums für Datenschutz Schleswig-Holstein (ULD) im Auftrag des Bundesministeriums für Bildung und Forschung aus dem Jahr 2010 geschehen hierbei jedoch Fehler oder gesetzliche Vorgaben werden nicht eingehalten. Die Studie kommt zu dem Schluss, dass hier in der Regel kein böser Wille vorliegt, sondern vielmehr eine hohe Unwissenheit auf Seiten der Entwickler und Publisher von Online-Games vorherrscht. [13] Als Ergebnis der Studie, fasste

---

[13] VGL: Unabhängiges Landeszentrum für Datenschutz Schleswig-Holstein (ULD): Studie - Datenschutz in Online Spielen, Kiel 2010, S.164f.

das ULD Handlungsempfehlungen für Spieleentwickler zusammen, wie sie den richtigen Umgang mit Daten sicherstellen können. Da sich die Situation seither jedoch nicht wirklich geändert hat, hatten die Handlungsempfehlungen keinen Erfolg. Möglicherweise liegt dies auch daran, dass die Studie von den überwiegend im Ausland sitzenden Entwicklern nicht zur Kenntnis genommen wurde und sich zudem Spiele an globalen Datenschutzbestimmungen orientieren, welche nicht zwangsweise derart geregelt sind wie in Deutschland.

Für Irritationen sorgte beispielsweise Ende 2011 der unklar geregelte Datenschutz in EA's Content Delivery Client Software Origin. Der Inhalt der ursprünglichen Fassung der Nutzervereinbarung setzte sich teilweise über deutsches Recht hinweg und gab dem Verbraucherzentralen Bundesverband Anlass zu einer Abmahnung.[14]

Fragwürdig stellt sich zudem die Datenerhebung bei Social Games dar. Nutzern von Social Media Angeboten, die sich nicht mit der Materie befassen geben ungewollt viel von sich preis. Darüber hinaus besteht die Gefahr, dass diese Informationen mittels Datenhandel auch für Dritte verfügbar werden.

Auch die Sicherheit von Daten ist nicht immer gewährleistet. Ein Beispiel aus der jüngeren Vergangenheit hierzu ist der Hacker-Angriff auf das Sony Playstation Network (PSN), das Content Delivery System für Sony Konsolen, im April 2011. Hierbei wurden durch Eindringlinge Benutzerdaten von über 100 Millionen registrierten Usern entwendet, teilweise offenbar auch Kreditkarteninformationen.[15] [16]

Datenschutztechnisch besteht daher noch großer Handlungsbedarf seitens der Anbieter, um den rechtlichen Vorgaben Rechnung zu tragen. Leider scheinen Anbieter aus Drittländern hier keinen oder nur geringen Bedarf zu sehen.

---

[14] VGL: VZBV: VZBV mahnt Spielehersteller Electronic Arts ab 30.11.2011 http://www.surfer-haben-
rechte.de/cps/rde/xchg/digitalrechte/hs.xsl/75_1678.htm?back=onlinespiele.htm&backtitle=Onlines
piele/ Abgerufen am 18.07.2012
[15] VGL: Welt Online: Sony nimmt Playstation-netzwerk wieder in Betrieb 15.05.2011
http://www.welt.de/wirtschaft/webwelt/article13372922/Sony-nimmt-Playstation-Netzwerk-wieder-
in-Betrieb.html/ Abgerufen am 18.07.2012
[16] VGL: Welt Online: Angriff auf Sony heizt Debatte um Datenschutz an 28.04.2011
http://www.welt.de/wirtschaft/webwelt/article13288755/Angriff-auf-Sony-heizt-Debatte-um-
Datenschutz-an.html/ Abgerufen am 18.07.2012

3.2 - Versteckte Kosten und Kostenfallen

3.2.1 - Hintergrund und Kontext

Zusätzlich zu dem klassischen Geschäftsmodell des Vertriebs von Spiele-Software zum Festpreis sind seit einigen Jahren vermehrt Geschäftsmodelle zu beobachten, die auf Mikrotransaktionen basieren oder zumindest Mikrotransaktionen zur zusätzlichen Wertschöpfung nutzen.

Bei Core Games wird dies meist in Form von DLC umgesetzt. Ferner verlangen einige Spiele (allen voran MMORPGs wie z.B. World of Warcraft) nach Mitgliedsbeiträgen für die Nutzung der Spielserver, was zusätzlich zum Kauf des Grundspiels noch weitere Kosten verursacht.[17]

Die Free-to-Play Games wie auch die Social Media Games setzen noch stärker auf Mikrotransaktionen als Core Games. Da Free-to-Play und Social Games beide kompetitiv gegen andere Spieler gespielt werden (wobei sie sich dabei im Spielablauf Echtzeit gegen Rundenbasiert unterscheiden), werden in aller Regel temporäre Aufwertungen für den Spieler bzw. dessen In-Game Charakter verkauft, mit dem er sich für beispielsweise 24 Stunden oder 10 Anwendungen einen Vorteil gegenüber den anderen Mitspielern sichern kann (z.B. mehr Erfahrungspunkte, erhöhte Gesundheit, höhere Feuerkraft, etc.). Free-to-Play Games bieten darüber hinaus oftmals noch die Möglichkeit, optische Accessoires oder Kleidung für die Spielcharaktere zu kaufen, damit der Spieler damit sein Bedürfnis befriedigen kann, sich von der Masse der anderen Mitspieler abzuheben und einen "eigenen" Charakter zu spielen.

Gegenüber den oben genannten Games, sind Casual Games bei der Betrachtung versteckter Kosten nicht relevant.

---

[17] VGL: Blizzard Shop: Spielzeit für World of Warcraft® ohne Datum
http://eu.blizzard.com/store/details.xml?id=210000110/ Abgerufen am 19.07.2012

3.2.2 - Besprechung

Die klassische Vorstellung, einmal Geld für ein Spiel zu zahlen und damit ein vollständiges Produkt zu besitzen trifft seit einigen Jahren nicht mehr zu. Die Core Games heutzutage setzen immer stärker auf DLC. Einerseits verlängern die Publisher damit den Lebenszyklus ihrer Produkte, andererseits maximieren sie so den Gewinn, indem sie die Wertschöpfung aus ihren Produkten erweitern.

Was bei den Core Games eine Erweiterung des Generieren von Erträgen ist, ist bei den Free-to-Play und Casual-Games Teil des Geschäftsmodells. Diese Games leben davon, dass die Nutzer Booster Pakete oder In-Game-Items kaufen. Für branchenfremde Beobachter erscheint es dabei mitunter überraschend, wie hoch der Umsatz von Firmen wie Zynga (1,14 Milliarden US $ Einnahmen in 2011) ist, obwohl jedes ihrer Spiele kostenlos ist. [18] Insbesondere bei kompetitiven Spielen lassen sich die Nutzer schnell dazu verleiten, sich mittels Geld einen Vorteil gegenüber den anderen Spielern oder auch (so bei Social Media Games) gegenüber seiner Kontakte und Freunde zu verschaffen, welche dann unter Zugzwang geraten und ebenfalls schneller aufsteigen, mehr Erfahrungspunkte sammeln, usw. möchten. Wir möchten in diesem Zusammenhang auf den Beitrag der zdf.kultur Sendung "Pixelmacher" zur Casual Connect hinweisen, der dieses Geschäftsmodel bildhaft erklärt. [19]

In jedem Fall stellt der geringe Preis von zusätzlichen Inhalten eine niedrige Hemmschwelle dar, für eben diese Inhalte Geld aus zu geben. Achtet man dabei nicht auf seine Ausgaben - erfolgt der Kauf beispielsweise per Kreditkarte - verliert man bei zunehmenden Downloads leicht den Überblick über seine Ausgaben und diese wachsen schnell an.

Es bleibt zu vermuten, dass die Wahl des Vertriebs per Download auch aufgrund von Sonderregelungen im Produkthaftungsrechts für die Anbieter interessant ist. So schließen sie auf diesem Weg einen Kaufvertragsrücktritt gem. des

---

[18] VGL: WHITEHORN, Jools: Zynga posts 2011 revenue of $1.14 billion 15.02.2012
http://www.techradar.com/news/gaming/zynga-posts-2011-revenue-of-1-14-billion-1063366/
Abgerufen am 21.07.2012
[19] ZDF.Kultur/Pixelmacher: Casual Connect 17.02.2012
http://www.zdf.de/ZDFmediathek/#/beitrag/video/1570732/Casual-Connect/ Abgerufen am 22.07.2012

Fernabgabegesetzes aus. Rückvergütungen sind daher in aller Regel ausgeschlossen und man bleibt auf den Kosten sitzen. Zwar kann man sich als Verbraucher auf den sog. Taschengeldparagraphen berufen, wenn ein nicht- oder nur beschränkt-geschäftsfähiges Kind digitale Güter kauft - dies lässt sich in der Praxis jedoch nur schwer durchsetzen. Entweder die Anbieter weigern sich oder sie sitzen direkt im Ausland, was das durchsetzen von Ansprüchen erheblich erschwert.

3.3 - Alterskennzeichnungen

3.3.1 - Hintergrund und Kontext

Alle Spiele die in Deutschland im Einzelhandel vertrieben werden, benötigen eine Altersfreigabe der Unterhaltungssoftware Selbstkontrolle (USK). Core Games im freien Einzelhandel müssen durchgängig mit einer deutlich sichtbaren Kennzeichnung der Freigabe versehen sein, anhand derer sich Eltern informieren können. Zusätzlich gibt es auf europäischer Ebene die PEGI Freigaben, welche für Deutschland zwar nicht gelten, Eltern jedoch einen brauchbaren Hinweis geben. Es bleibt jedoch zu beachten, dass PEGI Versionen auf dem deutschen Markt durch die BPJM indiziert werden können. Bei diesem Prozess werden die Titel der sogenannten Liste A oder B hinzugefügt. Liste A enthält Medien mit jugendgefährdendem Inhalt. In der Liste B werden Titel aufgenommen, die nach Auffassung der Bundesprüfstelle als strafrechtlich bedenklich einzustufen sind und deshalb dem Verbreitungsverbot nach dem Strafgesetzbuch unterliegen.
Auch Core und Casual Games, die online gehandelt werden, tragen in aller Regel eine Altersempfehlung die auf der Downloadseite angegeben ist. Der Kauf nicht altersgerechter Spiele mittels Content Delivery Software ist jedoch prinzipiell möglich. Bei Steam wird beispielsweise nur bei der ersten Registrierung nachgefragt, ob der Nutzer 13 Jahre und älter sei - eine wie im Gesetz vorgeschriebene Alterskontrolle wie beispielsweise durch das Post-Ident-Verfahren gibt es nicht.[20]

---

[20] VGL: Jugendschutz.net: Präsentation und Verkauf von Computerspielen im Internet, 2007 http://www.jugendschutz.net/pdf/Aktualisierung_Spielerecherche.pdf/ - S.3f - Abgerufen 22.07.2012

Im Rahmen von frei verfügbaren Casual Games, Free-to-Play Games oder Social Media Games stellt sich die Lage so dar, dass die USK seit September 2011 gem. dem Jugendmedienschutz-Staatsvertrag (JMStV) zwar auch für Online-Medien zuständig ist.[21]

3.3.2 - Besprechung

Beim Verbraucherschutz im Bezug auf altersgerechte Onlinespiele durch zu blicken ist verhältnismäßig leicht und unkritisch. Ist man Erziehungsberechtigter von Kindern und minderjährigen Jugendlichen die Onlinespiele nutzen, so sollte man sich mit den Kennzeichnungen der USK vertraut machen und diese von denen der PEGI unterscheiden können.

Auch wenn die USK inzwischen für Online-Medien zuständig ist, so stellt sich wahrscheinlich aber das Problem der Umsetzung. Zum einen hat die USK keine Handhabe bei Spielen die auf Seiten ausländischer Betreiber zum Download oder direktem Spielen im Browser angeboten werden. Zum Anderen stellt die bloße Masse der bereits angebotenen und noch zu bewertenden Spiele eine Aufgabe dar, die die USK erst noch bewältigen muss - anderenfalls würden mit Sicherheit stand heute mehr USK Logos im Rahmen von Online-Spielen zu finden sein.

Nehmen die Kinder also überwiegend Free-to-Play Games oder sonstige Onlinespiele wahr, die sie direkt im Internetbrowser spielen, so sollten Eltern das gleiche tun, was Initiativen wie z.B. "Schau hin!" (http://schau-hin.info) im Kern fordern - nämlich seinen Kindern beim online spielen gelegentlich über die Schulter schauen und sich mit ihnen über das Thema unterhalten.

---

[21] VGL: USK: Online-Spiele (JMStV) ohne Datum
http://www.usk.de/extramenue/login/publisher/angebot/online-spiele/ Abgerufen am 22.07.2012

3.4 - Werbung in Online Games

3.4.1 - Hintergrund und Kontext

Werbung ist mitunter auch in Onlinespielen und deren Umfeld zu finden. Die Begründung liegt darin, dass Gamedesigner mit der Verwendung realer Produktnamen, Marken oder auch Werbeanzeigen und Spots im Spiel das Ziel verfolgen, ihre Spielwelt realer und authentischer zu gestalten. [22] So konnte man beispielsweise in der Ende 1999 erschienenen, japanischen Version von Shenmue an virtuellen Getränkeautomaten Coca Cola Dosen ziehen und diese trinken.

Abbildung 3: Coca Cola Dosen in Shenmue (Sega Dreamcast, Japan, 1999)

---

[22] VGL: SCHMIEDER, Jürgen: So konzentriert kommen wir nicht mehr zusammen 21.04.2005 http://www.sueddeutsche.de/kultur/werbung-in-computerspielen-so-konzentriert-kommen-wir-nicht-mehr-zusammen-1.413249/ Abgerufen am 30.07.2012
(Hinweis: Beispiel von Max Payne 2 nicht zutreffend!)

Ähnlich der Werbung in alten offline Core Games wie z.B. "Cool Spot" oder "Zool" aus den 1990er Jahren gibt es bei modernen Core Games in Verbindung mit den modernen, an das Internet angeschlossenen Spielkonsolen und Computern die Möglichkeit In-Game Advertising nicht mehr nur statisch sondern teilweise auch dynamisch zu platzieren - beispielsweise virtuelle Werbeplakate, die nur für eine gewisse Zeit gebucht und gezeigt werden und danach durch neue Plakate ersetzt werden. Um das In-Game Advertising hat sich ein Ableger der Werbeindustrie gebildet, so dass es auch auf IGA spezialisierte Werbeagenturen gibt. Bei den Core Games ist jedoch zu beobachten, dass diese Form der Werbung wieder abnimmt und man sich stattdessen mehr auf Mikrotransaktionen konzentriert, da diese offenbar ertragreicher sind. [23]

Insbesondere Casual Games können sich dadurch auszeichnen, dass sie Werbespiele von Unternehmen sind die ihre Programmierung gesponsert haben. Da Casual Games weit günstiger und schneller zu programmieren sind als Core Games, können Unternehmen mit ähnlichen Aufwendungen wie für IGA in einem Core Game ein ganzes Spiel zur exklusiven Werbung für die eigene Marke erwerben. Browserbasierte Casual Games sind außerdem oftmals von Werbebannern und Skyscrapern umgeben.

Für Free-to-Play Games bedeuten Erträge aus Werbung neben Erträgen aus Mikrotransaktionen die zweite Säule der Finanzierung des Angebotes. Diese Werbung kann sowohl als IGA oder auch um das Spiel herum, z.B. als Banner auf Ladebildschirmen, eingebunden werden.

Bei Social Media Games wird Werbung in erster Linie vom Social Media Betreiber geschaltet und um das Game herum eingebettet, während der Anbieter Werbung für sich oder seine Produkte in das eigentliche Spiel integrieren kann (z.B. das Facebook Spiel UFC Undisputed von THQ, welches für das gleichnamige Konsolenspiel warb; FarmVille enthält ein Werbebanner mit Links zu anderen Zynga Spielen, etc.).

---

[23] VGL: HOLOWATY, Christoph: EA: Mikrotransaktionen deutlich lukrativer als Ingame-Anzeigen 21.12.2010 http://de.gamesindustry.biz/articles/2010-12-21-ea-mikrotransaktionen-deutlich-lukrativer-als-ingame-anzeigen/ Abgerufen 03.07.2012

3.4.2 - Besprechung

Auf ihrer Website weißt der Verbraucherzentralen Bundesverband auf das sog. Trennungsgebot hin, welches besagt, dass Werbung als solche klar erkennbar sein muss. In dem Kontext für eben solche Werbung wird auf der Website auch kurz In-Game Advertisement in der Form aufgeführt, wie es beispielsweise in Core und Free-to-Play Games zu finden ist: "Auch in vielen Onlinespielen wird Werbung so eingebettet (In-Game Werbung bzw. IGA), dass der Nutzer häufig gar nicht merkt, dass es sich um Werbung handelt. Geworben wird mit Kleidung oder Autos, die in dem Spiel auftauchen, aber auch auf Werbeplakaten und Sportarenen in der virtuellen Spielumgebung." [24] Leider geht der VZBV hierbei nicht weiter in die Tiefe. Es bleibt daher zu vermuten, dass hier noch keine einheitlichen, rechtlichen Regelungen gefunden sind da der VZBV hier keine Bewertung vornimmt und ausdrücklich angibt, dass diese Form der Werbung verboten sei.

IGA enthält oftmals Elemente des "Product Placements", wie man es aus der Film- und Fernsehbranche kennt. Während der Rundfunkstaatsvertrag dies im Fernsehen zwar regelt und es mit dem Telemediengesetz ein "Transparenzgebot" für Webseiten gibt, sind Kinofilme von dem Trennungsgebot ausgenommen. Der Status von Spielen auf Computern, die eigenständig - also nicht in einem Browser - gespielt werden oder aber Konsolenspielen, ist daher offenbar bisher nicht geklärt und es stellt sich die Frage, ob solche Games wie Kinofilme, Fernsehprogramme, Websites oder eigenständig behandelt werden sollen.

IGA in Core Games war bisher jedoch nie wirklich störend oder aufdringlich und sorgte in den meisten Fällen für den angestrebten oder zufälligen Nebeneffekt, dass die Spielwelt durch sie tatsächlich authentischer und realer wirkte. Im Zusammenhang mit vernetzten Spielekonsolen ist seit einiger Zeit jedoch der Anstieg von Werbung im Hauptmenü der Xbox360 zu beobachten. Nintendo und Sony waren diesbezüglich bisher sehr zurückhaltend. Nach SONYs Patentanmeldung auf eine neue Form von Werbung in Spielen bleibt jedoch abzuwarten, ob die wahrscheinlich im Rahmen der nächsten Konsolengeneration,

---

[24] VZBV: Werbung/Allgemeine Informationen/Trennungsgebot beachten 14.11.2011
http://www.surfer-haben-rechte.de/cps/rde/xchg/digitalrechte/hs.xsl/1410.htm#/ Abgerufen am 15.07.2012

also der Playstation 4, eingesetzte Form der Platzierung von Werbung belästigend wirken wird. [25]

Kritisch sieht die Verbraucherzentrale Werbung in Spielen dann, wenn diese um Online-Games in Browsern herum eingebettet. So mahnte sie Portale ab, die speziell an Kinder gerichtete Spieleseiten durch Werbung angereichert hatten. [26] Im Bezug auf klassische Internetwerbung, die beispielsweise mittels klickbarer Banner auf Websites eingebaut ist, wie z.B. auch um ein Free-to-play Browserspiel oder ein Social Media Game, verweisen wir auf entsprechende, verbraucherschutzrelevante Abhandlungen zum Thema, da wir uns hierbei zu sehr von der Thematik der Onlinespiele entfernen würden.

---

[25] VGL: HOLLOWAY, James: Sony patent could see games interrupted by compulsory ads 30.05.2012 http://www.gizmag.com/sony-in-game-advertising/22743/ Abgerufen am 03.07.2012
[26] VGL: VZBV: Werbung/Was macht der vzbv/Werbung auf Kinderspielportalen 14.11.2011 http://www.surfer-haben-rechte.de/cps/rde/xchg/digitalrechte/hs.xsl/1410.htm/ Abgerufen am 03.07.2012

3.5 - Online-Zwang

3.5.1 - Hintergrund und Kontext

Das ein Online-Game nur gespielt werden kann wenn man online ist, klingt logisch. Es kann jedoch auch passieren, dass sich ein Spiel als Online-Game entpuppt, welches man eigentlich nur offline spielen möchte.

Spiele die über Content Delivery Clients wie z.B. Steam, Origin oder UPlay erworben werden oder diese als Kopierschutz nutzen, benötigen eine Internetverbindung, damit der Client überprüfen kann, ob der Nutzer die notwendigen Rechte besitzt. Fällt der Zugang zum Web beispielsweise wegen eines technischen Defektes seitens des Providers aus oder ist der Server der Content Delivery Software nicht verfügbar, so kann man seine betroffenen Spiele nicht nutzen.

Ähnliches ist vereinzelt auch bei Konsolenspielen zu beobachten, die als Downloadprodukt heruntergeladen werden. Besteht nicht die Möglichkeit sich mit dem Internet zu verbinden, verwehren diese Spiele den Dienst.

3.5.2 - Besprechung

Das Thema des Online-Zwanges ist seit der Einführung von Steam, dem ersten der aktuellen Content Delivery Clients, ein heiß diskutiertes Thema.

Nutzer fühlen sich gegängelt und haben kein Verständnis dafür, dass sie ihre erworbene Spielesoftware nicht uneingeschränkt nutzen können. Insbesondere dann, wenn technische Probleme vorliegen die der Nutzer nicht zu vertreten hat. Wie bereits erwähnt steht Content Delivery Software auch im Bezug auf den Datenschutz in der Kritik. Am Beispiel von Battlefield 3 oder Diablo III zeigt sich jedoch, dass die Spieler, trotz immenser Kritik ihrerseits, notgedrungen dennoch die Software installieren, damit sie die entsprechenden Spiele nutzen können.

Der VZBV hat den Anbieter Blizzard aufgrund diverser Mängel im Rahmen der Veröffentlichung von Diablo III - unter anderem auch, weil die Server der Content Delivery Plattform "Battle.net" nicht erreichbar waren - abgemahnt. [27]

Eine wirkliche Alternative gibt es im Fall von Onlinespielen, die Content Delivery verwenden jedoch nicht. Entweder man akzeptiert oder man boykottiert. Einige wenige Anbieter, allen voran GOG.com, bieten zwar auch Spiele ohne Rechteverwaltung zum Download an - hierbei handelt es sich jedoch in der Regel um ältere Spiele und DLC ist ebenfalls nicht verfügbar.

Der bis dato folgenschwerste Fall bei dem aufgrund nicht erreichbarer Content Delivery Server nicht online gespielt werden konnte, war der bereits im Teil zum Datenschutz erwähnte Hacker-Angriff auf das Playstation Network PSN im April 2011. In diesem Rahmen blieb das System für 24 Tage offline und die etwa 77 Millionen Nutzer des PSN (sowie die etwa23 Millionen Nutzer des an das PSN angeschlossenen Qriocity Audio/Video Netzwerkes) konnten während dieser Zeit keine Online-Angebote wahr nehmen.

---

[27] VGL: VZBV: VZBV mahnt Spielehersteller Blizzard ab 14.06.2012 http://www.surfer-haben-rechte.de/cps/rde/xchg/digitalrechte/hs.xsl/75_2080.htm?back=onlinespiele.htm&backtitle=Onlines piele/ Abgerufen am 31.07.2012

4 - Ergebnisse / Zusammenfassung

Verbraucherschutz bei Onlinespielen kann sich je nach Angebot sehr unterschiedlich darstellen. Behält man den Überblick über die möglichen Fallstricke und trifft seine Wahl, welche Spiele gespielt werden und welche nicht, entsprechend - so sollte dem Spielspaß nichts im Wege stehen.

Dementsprechend kann man zusammenfassen, dass man:

1) Sich darüber im klaren sein soll, was mit seinen Daten geschieht und als Konsequenz nur die Daten angeben, die unbedingt angegeben werden müssen oder aber Phantasiedaten wie ein Alias zu nutzen.

2) Die Kosten von Spielen abwägen und sofern man zusätzliche Inhalte kaufen möchte, die Kosten darüber im Blick behalten - beispielsweise mittels einer simplen Aufstellung auf einem Zettel.

3) Sofern die Alterseinstufung von Software relevant ist, die Verpackung nach Freigaben überprüfen. Ist keine Verpackung zur Hand oder handelt es sich um ein digitales Produkt, so hilft Recherche im Internet. Außerdem sollte man seinem Schützling beim Spielen gelegentlich über die Schulter schauen, um einen Einblick in die dargebotenen Inhalte zu gewinnen.

4) Abwägen, ob man sich von Werbung im oder um das Spiel herum belästigt fühlt und gegebenenfalls diese Spiele dann nicht mehr nutzen

5) Vor Kauf informieren, ob ein Spiel Content Delivery Software voraussetzt bzw. welche vorausgesetzt wird. Falls diese inakzeptable Nutzungsbedingungen aufweist, gilt es abzuwägen, ob man das Spiel unbedingt spielen möchte in diese in Kauf nimmt oder nicht.

5 - Quellenverzeichnis

Fachbuch:
WIRTZ, Bernd: Medien- und Internetmanagement. 7. Aufl., Wiesbaden 2011

Hochschulschrift:
JÖCKEL, Sven: Online Spiele: Eine konzeptuelle Abgrenzung verschiedener Spielformen, veröffentlicht in: Menschen Märkte Medien Management - Berichte aus Forschung und Lehre 02/2007, TU Ilmenau, Ilmenau 2007

Internetquellen:
Blizzard Shop: Spielzeit für World of Warcraft® - ohne Datum
http://eu.blizzard.com/store/details.xml?id=210000110/
Abgerufen am 19.07.2012

DONNEL, Peter: Free-to-play PC Game Guide - 26.06.2012
http://www.eteknix.com/articles/guides/free-to-play-pc-gaming-guide/
Abgerufen am 31.07.2012

HOLOWATY, Christoph: EA: Mikrotransaktionen deutlich lukrativer als Ingame-Anzeigen - 21.12.2010
http://de.gamesindustry.biz/articles/2010-12-21-ea-mikrotransaktionen-deutlich-lukrativer-als-ingame-anzeigen/
Abgerufen 03.07.2012

HOLLOWAY, James: Sony patent could see games interrupted by compulsory ads - 30.05.2012
http://www.gizmag.com/sony-in-game-advertising/22743/
Abgerufen am 03.07.2012

Ingame.de: Special - Was ist ein Core Game? - 11.11.2010
http://www.ingame.de/artikel/specials/special-was-ist-ein-core-game/
Abgerufen am 02.06.2012

RAAB, Volker: Electronic Arts: "Free2Play und Mikrotransaktionen sind die Zukunft" - bald alle Spiele kostenlos mit Item-Shops? - 21.06.2012
http://www.pcgames.de/Electronic-Arts-Firma-15412/News/Electronic-Arts-Free2Play-und-Mikrotransaktionen-sind-die-Zukunft-bald-alle-Spiele-kostenlos-mit-Item-Shops-907142/
Abgerufen am 15.07.2012

SCHMIEDER, Jürgen: So konzentriert kommen wir nicht mehr zusammen - 21.04.2005
http://www.sueddeutsche.de/kultur/werbung-in-computerspielen-so-konzentriert-kommen-wir-nicht-mehr-zusammen-1.413249/
Abgerufen am 30.07.2012 **(Hinweis: Beispiel von Max Payne 2 nicht zutreffend!)**

STIEDL, Robert - ohne Datum
http://www.dlc.de/
Abgerufen am 15.07.2012

Süddeutsche: App-Lücke enttarnt Farmville-Nutzer - 18.10.2010
http://www.sueddeutsche.de/digital/facebook-datenschutzprobleme-app-luecke-enttarnt-farmville-nutzer-1.1013148/
Abgerufen am 20.07.2012

USK: Online-Spiele (JMStV) - ohne Datum
http://www.usk.de/extramenue/login/publisher/angebot/online-spiele/
Abgerufen am 22.07.2012
Abgerufen am 31.07.2012

VZBV - Surfer haben Rechte: Onlinespiele - 04.01.2012
http://www.surfer-haben-rechte.de/cps/rde/xchg/digitalrechte/hs.xsl/onlinespiele.htm/
Abgerufen am 02.06.2012

VZBV: VZBV mahnt Spielehersteller Blizzard ab - 14.06.2012
http://www.surfer-haben-
rechte.de/cps/rde/xchg/digitalrechte/hs.xsl/75_2080.htm?back=onlinespiele.htm&backtitle=Onlines
piele/

VZBV: VZBV mahnt Spielehersteller Electronic Arts ab - 30.11.2011
http://www.surfer-haben-
rechte.de/cps/rde/xchg/digitalrechte/hs.xsl/75_1678.htm?back=onlinespiele.htm&backtitle=Onlines
piele/
Abgerufen am 18.07.2012

VZBV: Werbung/Allgemeine Informationen/Trennungsgebot beachten - 14.11.2011
http://www.surfer-haben-rechte.de/cps/rde/xchg/digitalrechte/hs.xsl/1410.htm#/
Abgerufen am 15.07.2012

VZBV: Werbung/Was macht der vzbv/Werbung auf Kinderspielportalen - 14.11.2011
http://www.surfer-haben-rechte.de/cps/rde/xchg/digitalrechte/hs.xsl/1410.htm/
Abgerufen am 03.07.2012

Welt Online: Angriff auf Sony heizt Debatte um Datenschutz an - 28.04.2011
http://www.welt.de/wirtschaft/webwelt/article13288755/Angriff-auf-Sony-heizt-Debatte-um-
Datenschutz-an.html/
Abgerufen am 18.07.2012

Welt Online: Sony nimmt Playstation-netzwerk wieder in Betrieb - 15.05.2011
http://www.welt.de/wirtschaft/webwelt/article13372922/Sony-nimmt-Playstation-Netzwerk-wieder-
in-Betrieb.html/
Abgerufen am 18.07.2012

WHITEHORN, Jools: Zynga posts 2011 revenue of $1.14 billion - 15.02.2012
http://www.techradar.com/news/gaming/zynga-posts-2011-revenue-of-1-14-billion-1063366/
Abgerufen am 21.07.2012

Wikipedia (EN): Casual Game - 30.07.2012
http://en.wikipedia.org/wiki/Casual_game/
Abgerufen am 31.07.2012

Wikipedia(EN): Social network game - 18.07.2012
http://en.wikipedia.org/wiki/Social_network_game/
Abgerufen am 31.07.2012

ZDF.Kultur/Pixelmacher: Casual Connect - 17.02.2012
http://www.zdf.de/ZDFmediathek/#/beitrag/video/1570732/Casual-Connect/
Abgerufen am 22.07.2012

Zynga: Privacy Policy / Information we collect - 16.07.2012
http://company.zynga.com/about/privacy-center/privacy-policy#information-collect/
Abgerufen am 20.07.2012

Studien:
Jugendschutz.net: Präsentation und Verkauf von Computerspielen im Internet, Ohne Ort 2007,
zitiert nach Online verfügbarer PDF Datei:
http://www.jugendschutz.net/pdf/Aktualisierung_Spielerecherche.pdf/

Unabhängiges Landeszentrum für Datenschutz Schleswig-Holstein (ULD): Studie - Datenschutz in
Online Spielen, Kiel 2010, zitiert nach Online verfügbarer PDF Datei:
https://www.datenschutzzentrum.de/dos/dos-datenschutz-in-onlinespielen-report.pdf/

Abbildungen:

Abbildung 1: Typische, erhobene Daten in einem Spieler-Profil
(Sony Entertainment Network, dem Playstation Network übergeordnet, 2012)
Quelle: Screenshot - selbst erstellt

Abbildung 2: Profil mit diversen Daten die in Verbindung damit gespeichert sind
(Xbox Live Profil, 2012)
Quelle: Screenshot - selbst erstellt

Abbildung 3: Coca Cola Dosen in Shenmue
(Sega Dreamcast, Japan, 1999)
Quelle: http://3.bp.blogspot.com/-
vvpyFX626u8/T22dsCnOsEI/AAAAAAAAADY/8S0n0LEiOcI/s1600/549.jpeg